AF245401

A MESSIEURS LES MEMBRES

DE LA

CHAMBRE DES DÉPUTÉS,

SUR LA NÉCESSITÉ DE RENDRE UN DÉCRET D'ACCUSATION CONTRE LES NOBLES FRANÇAIS, REBELLES A LA CONSTITUTION DE L'EMPIRE, TENDANT A LES EXPULSER POUR JAMAIS DU TERRITOIRE FRANÇAIS.

A PARIS,

CHEZ LAURENT BEAUPRÉ, LIBRAIRE, PALAIS ROYAL, GALERIE DE BOIS, N° 218.

1815.

A MESSIEURS LES MEMBRES

DE LA

CHAMBRE DES DÉPUTÉS,

Sur la nécessité de rendre un décret d'accusation contre les nobles français, rebelles à la constitution de l'Empire, tendant à les expulser pour jamais du territoire français.

MESSIEURS,

Il est temps que la France déploie sa puissance et sa justice ; il est temps de donner aux lois une marche active et imposante ; il est temps que son glaive frappe les ennemis de la constitution et les conspirateurs de l'état ; la moindre faiblesse, la moindre déviation, produiraient des maux que l'intelligence humaine ne saurait calculer. Oui, cette époque, si long-temps retardée, est enfin arrivée. La constitution, agitée par les mouvemens convulsifs de plusieurs factions, doit se reposer sur ses bases immortelles, et la liberté, s'élevant sur les ruines de l'oppression et de l'anarchie, embrasera tous les cœurs de cet enthousiasme patriotique qui préparera la félicité publique, et deviendra une source féconde de toutes les vertus sociales. Il faut commander, il faut punir, il faut venger la majesté nationale, et rétablir l'empire des lois; loin de nous toute considération particulière qui nous conduirait par des gradations insensibles, au despotisme et à l'esclavage; des législateurs faibles et incertains deviendraient le scandale de la société et l'opprobre de la constitution; ce sanctuaire ne peut être habité que par des amis de la liberté et des défenseurs des lois : un législateur timide est un esclave avili; qu'il n'entre jamais dans ce temple et qu'il porte ailleurs sa faiblesse et sa corruption !

La constitution, acceptée par le peuple, sanctionnée par le monarque dont elle a assuré et fixé les droits, est une alliance auguste et un pacte solennel qui unissent tous les membres de la société; ce contrat social qui divise les pouvoirs, qui fixé le gouvernement, règle la législation, crée toutes les autorités, et établit une nouvelle hiérarchie politique et religieuse, est l'ouvrage du peuple, et annonce ses vœux, sa volonté et son commandement; tous les citoyens doivent lui obéir et la défendre : c'est donc un grand crime, une grande trahison, que de s'armer contre cette constitution, qui renferme les droits et les priviléges du peuple; qui consacre sa liberté et le rétablit dans sa souveraineté usurpée. Tant que la liberté politique soutint à Rome la liberté civile, le conspirateur était dévoué aux furies infernales, et chacun pouvait tuer impunément celui qui avait trahi la patrie. Susciter des ennemis à la république, troubler la sûreté publique par des assemblées nocturnes ou par des liaisons clandestines, exciter des séditions ou engager les alliés à s'armer contre la patrie, tels étaient les délits de lèse-majesté; et ces délits étaient punis de mort.

Le premier devoir du citoyen, le pacte que l'on ne peut violer sans dissoudre le corps politique, est celui qui oblige de ne point porter atteinte à la souveraineté du peuple; la violation de ce pacte est donc le plus grand de tous les délits : celui qui tente d'anéantir ce pouvoir, dit Platon, celui qui cherche à substituer à la force des lois et à la volonté générale, sa volonté particulière ; celui qui veut subjuguer sa patrie par des factions, et qui oppose la violence aux lois, est le plus grand ennemi de la société. Dans les gouvernemens les plus libres, ce délit a toujours paru digne de la rigueur des lois ; il attaque le souverain, puisqu'il tend à le priver de la souveraineté, ou à affaiblir la force qui la garantit ou la concerne ; ces principes de sagesse et de justice sont consacrés dans notre constitution ; elle prive des droits de cité celui qui lui refuse sa soumission et son obéissance, et punit de mort celui qui conspire contre la patrie.

Ne nous occupons point de cette foule d'hommes égarés ou corrompus qui, par inquiétude, par orgueil ou par système, ont brisé les nœuds qui les unissaient à la patrie, et ont fui une terre de liberté pour habiter des contrées soumises à des despotes. Un jour viendra où ils s'empresseront d'abjurer leurs erreurs, et d'expier leurs crimes aux pieds de cette constitution dont ils méconnaissent et outragent les bienfaits. Ces rameaux ont perdu leurs fruits et leur ombrage, parce qu'ils étaient attachés à une tige desséchée ; mais unis à un tronc plus vigoureux et plus pur, ils reprendront leur verdure et leur beauté : ce sont les nobles qui n'ont rien fait pour la patrie, ce sont les chefs de la rebellion qu'il faut atteindre pour les punir ; l'intérêt national, le salut public, la justice éternelle, demandent à grands cris que vous votiez, au champ de mai, l'expulsion de tous les nobles de l'empire français ; et que vous livriez les traîtres à la rigueur des lois et à la vengeance des tribunaux. Ces lâches conspirateurs méditent des crimes et des assassinats ; une impie coalition conduit cette cohorte sacrilége : les rebelles veulent se rendre des tyrans ou les destructeurs de la patrie ; ils prennent les armes pour égorger les victimes qu'ils désignent sur leurs tables de proscription ; ils signent des arrêts de mort, distribuent les poignards des assassins et la torche des incendiaires ; ils établissent dans des contrées étrangères un foyer ardent de contre-révolution : c'est dans ce volcan que se préparent ces foudres avec lesquelles ils veulent embraser et dissoudre l'empire français ; ils envoient dans toutes les cours de l'Europe des émissaires pour faire armer les rois contre cette constitution, qu'ils veulent ensevelir sous les débris des ossemens et des cadavres. Ils offrent aux tyrans de la terre, pour prix de leur infâme coalition, le démembrement de l'empire, les propriétés et le sang du peuple français : ce sont eux qui veulent rétablir, sur les ruines de la liberté et de la constitution, ce despotisme qui dessèche et flétrit le germe de la vie et de la fécondité : quel crime que celui de tenter de livrer un grand peuple aux caprices et à l'oppression des tyrans, pour en faire des esclaves ou des victimes? Ce sont eux qui font partie des satellites pour porter dans l'intérieur l'incendie et la dévastation en y fomentant des divisions. Ce sont eux qui épuisent les finances de l'Etat, qui font disparaître le numéraire, facilitent l'agiotage, retardent le paiement des impôts, sèment les méfiances et les haines parmi les patriotes, corrompent les vertus, outragent la souveraineté du peuple, avilissent la royauté constitutionnelle, méditent d'ensanglanter le trône, calomnient tous les pouvoirs, insultent à la sainteté des lois et osent braver la nation les blasphèmes à la bouche et les armes à la main ; voilà leurs crimes, et ces crimes demandent vengeance et punition.

L'impunité de ces crimes serait un attentat contre la constitution, un outrage au peuple français, et une violation des principes de la justice éternelle et du pacte social ; cette impunité produirait de nouveaux crimes et de nouvelles calamités ; elle perpétuerait l'anarchie et multiplierait les désordres intérieurs. Toutes les factions sont faibles à leur origine, mais elles s'accroissent et se fortifient en peu de temps; nées du choc des intérêts particuliers et des passions, elles finissent par dissoudre le corps politique. Lorsque le temps leur a une fois imprimé la force et la consistance, le fanatisme civil répand ses erreurs et ses illusions; une partie de la société perd l'appui qu'elle devrait trouver dans l'autre.

Les factions verte et bleue sous l'empire de Justinien, les Guelfes et les Gibelins en Italie, les Whigs et les Thoris en Angleterre, les factions des Guise et des Montmorency en France, vivront éternellement dans l'histoire des malheurs des peuples, et seront pour les chefs des empires, des exemples terribles de tous les genres de maux qui menacent un état, où on a laissé une faction se fortifier et s'étendre.

Le peuple français veut affermir sa constitution; il la défendra, ou s'ensevelira sous ses ruines. Un cri, qui part de toutes les parties de l'Empire, est un cri puissant. C'est la voix du tonnerre, les orages le rendent plus fort et plus terrible. Pour consolider cette constitution, il faut punir ces hommes pervers qui conspirent contre elle. Le glaive de la loi ne connaît ni rang, ni distinction, ni naissance : il faut fortifier son empire ; c'est aujourd'hui qu'il est permis d'exercer un despotisme salutaire, et de donner aux nations de l'Europe, une grande leçon de puissance et de justice.

Ne craignez point, Messieurs, que les puissances étrangères s'arment pour défendre les conspirateurs de l'Etat : malheur à elles, si elles oublient les maximes éternelles de la morale, de la sagesse, de la politique et de l'équité! On ne connaît encore en Europe que six grands changemens ; le premier causé par les conquêtes des Romains ; le second par les invasions des barbares, qui détruisirent ces mêmes Romains ; le troisième, par les victoires de Charlemagne ; le quatrième, par les incursions des Normands ; le cinquième, par les campagnes de notre auguste Empereur ; et le dernier par son retour au milieu de nous. Il s'en prépare un plus consolant et plus instructif pour l'humanité, les trônes des tyrans s'agitent et s'ébranlent : et la liberté, parcourant les vastes contrées de l'Europe, répandra ses lumières et ses bienfaits, fera connaître aux peuples leurs droits de souveraineté, et leur apprendra ce qu'il faut faire pour en reprendre l'exercice et l'autorité.

Oui, Messieurs, malgré les traités qui lient les despotes de l'Europe, malgré les notifications et les déclarations des puissances étrangères, malgré ces grands préparatifs hostiles qui affligent l'humanité, mais qui réjouissent le patriotisme et la liberté, la guerre ne répandra pas ses ravages et ses calamités en France ; elle n'immolera pas ses victimes. Les rois de l'Europe apprendront bientôt que pour conserver leur autorité, ils doivent respecter notre constitution ; s'ils l'attaquent, leurs propres mains se réuniront pour mutiler leurs couronnes et renverser leurs trônes. Une insurrection générale suivra de près la guerre étrangère : et, sur toutes ses ruines s'élèvera cet arbre auguste de la liberté, qui vengera tant d'attentats et étendra son ombrage salutaire sur toutes les contrées de l'Europe.

Lorsqu'un peuple long-temps opprimé, rentre dans les droits de sa souveraineté, les autres nations doivent respecter ses nouvelles lois et sa constitution. Ce principe d'un sage politique a reçu une sanction universelle.

L'empereur Léopold, les rois d'Espagne, de Suède, de Danemarck, et presque tous les princes de l'Europe ont reconnu pour roi d'Angleterre, le prince d'Orange, du moment que le peuple anglais lui décerna la couronne. Lorsque Gustave Vasa monta sur le trône de Suède, au mépris de l'union de Calmar ; lorsque Albert de Brandebourg se fit déclarer duc et souverain de la

Prusse, dont il n'était que simple administrateur, pour l'ordre Teutonique ; lorsque Jean de Bragance se fraya, par une révolte manifeste, le chemin au trône de Portugal, les puissances de l'Europe reconnurent ces pactes nouveaux, qui formaient les liens des nations. Elles virent sans inquiétudes et sans alarmes les Bataves, briser les fers de l'Espagne. La neutralité armée du nord respecta et admira la constitution américaine.

La guerre, que semblent méditer les puissances de l'Europe, deviendra pour elles une source de troubles et de calamités. Depuis bien des années l'Allemagne est devenue le théâtre de guerres longues et meurtrières, et cette terre malheureuse a été sans cesse arrosée du sang de ses habitans ; si les princes de l'Allemagne persistent à refuser une paix qui leur est offerte, leurs états deviendront de nouveau un foyer ardent, d'où il ne sortira que des flammes et des torrens de sang ; leurs peuples écrasés, leurs campagnes ravagées, leurs moissons détruites, leurs asiles violés, voilà les crimes et les calamités que produira cette guerre injuste.

L'empereur d'Autriche et le roi de Prusse ne peuvent être long-temps amis, leur caractère, leur intérêt, leur politique, tout annonce la fra-

gilité des liens qui les unissent ; amis sans con-
fiance, alliés inquiets et surveillans, rapprochés
par un sentiment qui semble satisfaire leur ambition et leur vengeance, ils s'observent, ils se
craignent, ils finiront par être ennemis. Que
penser, en effet, de ces variations perpétuelles
que l'on aperçoit dans le système de leurs négociations ? tout est enveloppé des ruses d'une
politique profonde ; mais l'empereur d'Autriche
sera forcé de reconnaître qu'il est de son intérêt
de maintenir et d'exécuter le traité de Paris ;
heureux si la nation française consent à confirmer
cette alliance.

Non, Messieurs, les puissances de l'Europe
ne déclareront pas la guerre à la France, si elles
consultent les principes de la justice, les règles de
la politique et les conseils de la prudence. Qu'elles
apprennent à connaître les mœurs, les opinions,
la force et les droits des peuples ; qu'elles s'appliquent à étudier l'ouvrage du génie et les travaux de la nature, qui tendent à rétablir l'ordre
et l'égalité, à perfectionner l'harmonie sociale,
et à donner aux gouvernemens et à la législation
des empires de nouvelles maximes et de nouvelles bases ; alors ces puissances comprendront
combien il est utile de préférer un système de
pacification à l'art meurtrier de la guerre.

Quand même les puissances de l'Europe s'ar-meraient contre notre constitution , le peuple français résisterait à tous leurs efforts réunis.

La France , contrée favorite de la nature , jouissant d'une heureuse variété de climats , enrichie des plus belles productions d'un sol fertile ; embrassant l'Océan atlantique et la Méditerranée , trouvant en elle-même tous les avantages que l'industrie et le commerce peuvent procurer ; réunissant l'obéissance aux lois et l'amour de la la liberté , semble destinée à dominer sur les royaumes de l'Europe. Que peuvent contre le peuple français des nations avilies par le despotisme , dégradées par l'ignorance , enchaînées par la superstition ? Un peuple qui combat pour sa liberté est terrible ; il doit nécessairement vaincre ou périr. La nature le destine pour éclairer l'Europe et pour détruire l'empire des tyrans ; il ne trompera point sa destination : ce peuple , saintement uni par le patriotisme , excité par la valeur , conduit par l'immortel héros que nous avons choisi pour nous gouverner , se transportera sur le champ de bataille pour recueillir des lauriers , pour célébrer ses victoires , et pour bénir sa constitution. Sur ces trophées de gloire , il oubliera ses inquiétudes , ses méfiances et ses haines ; là, il présentera l'olivier de la paix et le livre de la loi ; là , toutes les factions s'anéantiront , il n'y aura qu'un seul esprit , un seul sentiment , celui de servir sa patrie , de défendre ses lois , et de combattre pour sa gloire , sa liberté et son bonheur.

Mais , Messieurs , pour que la tranquillité règne dans l'intérieur pendant que nos armées repousseront l'ennemi , le salut public , l'intérêt national , la majesté du peuple que vous représenterez au champ de mai , exigent impérieusement que vous portiez un décret qui expulse , pour jamais , de l'empire français , tous les nobles qui n'ont rien fait pour la patrie.

DE L'IMPRIMERIE DE J. GRATIOT.